AF454415

M. L'Abbé MÜLLER

CHANOINE TITULAIRE DE CHALONS

1800-1889

Hommage reconnaissant

d'un de ses fils dévoués.

L. APPERT,

Ch. h., Curé de Saint-Alpin.

M. l'Abbé MÜLLER

Dans un modeste foyer d'instituteur naquit à Obernai (1) (Bas-Rhin), le 9 novembre 1800, un enfant nommé Laurent-Louis-Théodore. Müller était le nom de famille. Il grandit au milieu de ses frères et sœurs qui étaient au nombre de sept, et fit ses études latines dans le petit collège de sa ville natale, sous la direction du vénérable curé M. Oberlé, qui dirigeait cet établissement en qualité de principal. Un prix de vers obtenu par le jeune élève Théodore, en quatrième, atteste ce fait. Après ses humanités, le jeune élève se rendit à Strasbourg où il fut ordonné sous-diacre en 1823. Ordonné prêtre en 1826, par Mgr Claude-Marie-Paul Tharin, évêque de Strasbourg, il passa deux années environ comme vicaire à Molsheim et fut nommé ensuite à la cure de Meissengott près Schelestat. Là le jeune curé perdit sa mère qui vivait sous son toit. C'était au

(1) Obernai est la patrie de sainte Odile et du grand Athic, duc d'Alsace. Cette ville resta toujours un centre de foi catholique respecté. Elle a donné à l'église dix-huit prêtres, quelques uns existent encore : citons parmi eux, une des gloires de l'épiscopat français, Mgr Freppel, évêque d'Angers.

mois de mars 1830. La lettre écrite à son frère, M. Louis Müller, maître de chapelle de la cathédrale de Châlons, montre la belle âme de M. l'abbé Müller et nous initie à ses futurs projets.

Citons-en quelques lignes :

« Meissengott, le 26 mars 1830.

« Très cher frère,

« Le bon Dieu vient de demander de nous un sacrifice qu'il nous eût été bien difficile de faire de bon cœur. Notre bonne et tendre maman n'ayant été malade que huit jours, a rendu son âme entre les mains de son créateur samedi dernier. C'est bien avec un cœur navré de douleur que je vous mande cette triste nouvelle, mais enfin il faut nous résigner en la volonté de Dieu. Ah ! cher frère, pensez comme moi. Voilà le saint temps de carême, nous devons maintenant méditer chaque jour la Passion de notre Sauveur. Je me crois donc heureux de pouvoir unir en esprit de pénitence mes souffrances à celles de mon Jésus : je me jette sur mes genoux, j'adore les desseins de la Providence et je me dis : Que votre sainte volonté soit faite ! »

La fin de la lettre montre M. Müller prêt à quitter l'Alsace pour venir à Châlons. « Faites part de cette triste nouvelle, dit-il, à Monseigneur, votre très digne évêque, en présentant en même temps à Sa Grandeur mes hommages les plus respectueux... J'attends tous les jours mon successeur et je me hâterai alors de venir chez vous ; car rien ne me retient plus maintenant. »

Il est parlé dans cette lettre d'un M. de Valori qu'il regardait comme un second père pour eux. C'est à ce Monsieur, en effet, intime ami de Mgr de Prilly, que l'on doit la venue dans notre diocèse des trois frères Müller : M. Louis, M. l'abbé et M. Joseph. Leur talent d'artistes les avait fait signaler au nouvel évêque de Châlons, si désireux de relever la pompe des cérémonies par un chant magnifique. Le protecteur avait chaudement recommandé ses protégés et Mgr de Prilly adresse à l'abbé Müller, de Pleurs, le 7 mai 1830, la lettre suivante :

« MONSIEUR,

« Mgr l'Evêque de Strasbourg ayant bien voulu se prêter à la demande que je lui ai faite et permettre que vous vinssiez vous réunir à votre cher frère, nous espérons vous voir arriver incessamment à Châlons. Les simples et modestes fonctions que vous y remplirez et qui paraissent conformes à vos goûts n'en seront pas moins utiles et vous y trouverez de quoi satisfaire votre piété et votre amour pour la retraite. Je n'ai pu vous connaître jusqu'ici que par vos lettres ; mais elles m'ont donné la plus haute idée de votre caractère et de vos vertus et je serai charmé de vous voir vous joindre à notre clergé. Il n'est personne ici qui ne soit fort aise de faire en vous une si parfaite acquisition. Votre cher frère a dû vous dire là-dessus mes sentiments et je suis charmé de vous en renouveler moimême l'expression. »

Cette amitié dont Monseigneur honorait M. l'abbé Müller ne se démentit jamais ; elle fut toujours méritée du reste. Chaque année, l'abbé Müller était mandé à Châlons, dans l'octave de l'Assomption, pour accompagner le pieux prélat dans son pèlerinage à Notre-Dame de l'Epine. La journée y passait, car, après la messe, selon la coutume, on déjeûnait à Fontenay ; puis on lisait ensemble un livre de la *Messiade* de Klospstock. A certains passages, l'Evêque s'extasiait et priait Dieu de recevoir dans sa miséricorde celui qui avait si bien dépeint le grand drame de notre Rédemption.

Arrivé à Châlons, l'abbé Müller, secondé par son frère, mit la *maîtrise*, sur un bon pied : il multipliait ses soins pour faire, des petits enfants à lui confiés, de bons enfants bien pieux et de charmants petits musiciens. C'est à cette époque que descendit chez son frère l'abbé, avec femme, enfants et bagages, Joseph Müller, le futur organiste de Saint-Loup. Voilà l'hégire des trois artistes et chacun sait quel talent leur fraya la route à Châlons.

Bientôt survint la Révolution de 1830. Une petite émeute grondait autour de l'Evêché de Châlons : on voulait s'emparer de la personne de Mgr de Prilly. L'abbé Müller, à peine connu à Châlons, prit une blouse et une casquette et vint se mêler à la foule, désireux de parvenir le premier dans les appartements de l'Evêché. Il réussit et procura à Monseigneur un moyen d'évasion qui lui permit de gagner l'Hôtel-Dieu. C'est ainsi qu'il paya la dette de reconnaissance que sa famille et lui devaient à leur bienfaiteur.

Quelques changements survenus dans la direction de la maîtrise modifièrent la situation de l'abbé et lui inspirèrent de demander une cure dans le diocèse. Il avait visité Fromentières et pris jour pour son arrivée dans cette paroisse, quand, à son retour à Châlons, Monseigneur lui donna l'ordre d'aller à Pierry. C'était en 1834. Cette année même fut une année de marque pour le vignoble : le vin de Pierry fit vite oublier le Johannisberg. C'était encore l'usage, à ce moment, de faire partir de chaque pressoir quelques seaux de vin pour le curé. Il eut ainsi pour étrennes en arrivant six pièces de vin.

Pierry alors était une petite villa. Là habitaient M. de Quélen, frère de l'archevêque de Paris, M. Loisson de Guinaumont, Mme de Livry, sœur du chanoine, M. de Massiac, M. Bigault de Fouchères, M. Hémard de Montmort, M. Goerg, M. Dutemple, M. Lemaire et M. Papelard, les Porquet, les Deullin, les Poultier, les Lemaire, familles assez opulentes et de bon ton. Tous les soirs la vie était très mouvementée ; car les équipages d'Epernay amenaient à chaque soirée bonne et joyeuse compagnie.

C'est dans ce milieu assez lettré, très courtois et fort vivant que tombait l'abbé Müller. Il ne s'en effraya pas et en fut quitte pour faire du français une étude sérieuse, qui le mit en garde contre des fautes trop révoltantes pour l'oreille. Dames et Messieurs virent bientôt dans le jeune curé un homme bien élevé et fort aimable, et plus d'un malin de ce temps lui relevait gaiement ses fautes d'orthographe. L'abbé Müller se mettait du côté des rieurs et profitait de la leçon.

Quel homme charmant en effet ! Il avait à son service une bonne mémoire, vingt anecdotes, le piano et ses réminiscences d'outre-Rhin. Il était devenu l'obligé de toute réunion intime, alliant à son bel et bon entrain une dignité sacerdotale qui imposait à tous. Ses relations profitaient aux pauvres, pour lesquels il tendait souvent la main.

D'autre part, s'il rencontrait quelques sourires narquois à propos des questions religieuses, il devenait sérieux, presque colère, et ne manquait pas de faire entendre hautement ce qu'était Dieu pour l'homme et ce que l'homme devait être pour Dieu. Presque toujours, le rieur en venait à une petite amende honorable. D'ailleurs on respectait cette foi toute d'un bloc qui ne souffrait pas la moindre atteinte. Un de ces bons amis du vieux temps le manda un jour à Paris ; c'était pour lui confier le soin de sa conscience (1). Cette haute marque de confiance avait été bien sensible à M. Müller ! C'était la récompense de ses petits sermons.

Je ne parle pas de ses bonnes connaissances à Epernay, à Chaltrait, à Montmort, à Brugny, à Moussy et à Chavost, ses deux annexes. Il se faisait aimer de tous, ne s'irritant que de ce qui attristait sa religion, comme la profanation de la loi du dimanche et l'absence de l'église. Il n'oubliait jamais qu'il était prêtre et qu'à ce titre il était le défenseur des droits de Dieu. Sur ce terrain il s'irritait vite et reconnaissait que parfois il avait dépassé la mesure.

Prêtre, il l'était dans son église surtout. Il avait à cœur le décor des autels et la pompe des offices. Cette pauvre église de Pierry, il ne la voyait que dans son imagination, bien remplie de monde, décorée du haut en bas, passant par toutes les transformations de son âme naïve, offrant aujourd'hui un simulacre de crèche, demain celui d'un calvaire, toujours ornée de verdure. Et puis, point de fêtes sans musique. De bons amis répondaient toujours à son appel pour venir officier et prêcher.

(1) M. Laurent, beau-père de M. Naudin, ancien juge de paix.

De son côté, il avait composé une messe à trois ou quatre voix Trois instituteurs, qui furent toujours ses amis, M. Appert, M. Poyot et M. Rollin, se partageaient les rôles, et tout semblait rayonner de joie.

A quelles belles processions aussi ne présida-t-il pas! Les maisons bourgeoises apportaient sur les autels, décorés avec goût et avec art, leurs objets les plus précieux. Tout Pierry était en tête à pareil jour : jeunes filles en blanc, enfants de chœur par douzaines, portant les instruments de la Passion à la suite d'un petit saint Jean-Baptiste, gardes-nationaux, fidèles nombreux, détonations de boîtes sur le parcours, rien ne manquait à ces belles manifestations de la piété chrétienne.

Celui qui était si ardent pour Dieu et pour sa religion ne l'était pas moins pour tout ce qui touchait à son pays et aux intérêts de chacun. L'incendie le trouvait vite debout, et le cri d'alarme, d'où qu'il vînt, le rendait frémissant.

C'est ainsi qu'on le vit, en 1848, marcher en tête de la garde nationale se portant au devant des insurgés. Le bon abbé Müller, qui le croirait, portait à la ceinture un vieux pistolet et sur l'épaule une petite hachette. Cette attitude inusitée n'avait qu'un but : défendre sa vie ; mais chacun rit longtemps des incidents de cette échauffourée de théâtre.

Il était tel, subissant toutes les commotions d'une grande et belle âme et s'y laissant aller. Il croyait à l'exactitude des faits comme il croyait à la bonté et à l'innocence de tous ceux avec lesquels il traitait.

Les choléras de 1849 et de 1854 le trouvèrent à son poste. Celui de 1854 exerça à Pierry, Moussy et Chavost les plus terribles ravages (1). M. Müller, atteint de la suette, reçut le secours de deux prêtres d'un dévouement connu, M. Leroux et M. Phlaum ; ce furent eux qui, aidés par MM. les vicaires d'Eper-

---

(1) On compta à Pierry jusqu'à trente-quatre décès en cinq semaines, et l'on présenta, en un seul jour, devant le portail de l'église de Chavost, sept défunts.

nay et accompagnés de M. Appert, instituteur à Pierry, se portèrent courageusement au chevet des malades.

Ainsi s'écoulèrent les vingt-deux années de ministère pastoral à Pierry.

Après la mort de Mme de Livry, M. Müller demanda et obtint en 1856 de revenir à Châlons. Là il avait titre de curé d'Aulnay-sur-Marne, d'aumônier de la prison départementale et de vicaire de la cathédrale. Ses deux fonctions laborieuses étaient celles d'aumônier et de vicaire. On sait avec quel zèle et quelle régularité il s'acquitta de ces charges diverses. L'heure de l'office, à Pierry, était à sa disposition ; à Châlons elle ne pouvait être retardée : il sut se mettre à l'heure.

C'est durant ce vicariat que M. Müller, si connu pour sa piété, commença à attirer à lui nombre de pieuses âmes qui lui durent leur sanctification et lui restèrent attachées jusqu'à la mort.

Il fut de plus chargé de la direction de la colonie alsacienne, lorraine et luxembourgeoise. Il ne ménageait rien pour ses compatriotes ; aussi sa maison était-elle signalée à tous ceux qu'il appelait « ses bons allemands. » Pour eux, comme pour tous ceux qui étaient dans le besoin, sa bourse, son influence, sa table, tout était mis à contribution.

Un jour, il invita à sa table un jeune musicien de ses élèves. Vint le plat national, le plat de choucroute ; mais survint aussi une bonne alsacienne qui exposait sa situation lamentable, et la moitié du plat lui fut remise, au grand désappointement, paraît-il, du jeune invité. C'était là l'homme.

Parmi les épisodes marquants de la vie de M. Müller, il faut citer le grave ministère qu'il remplit en 1871 à l'égard des quatre infortunés, victimes de l'invasion allemande. On sait que ces malheureux, sur de misérables indices, avaient été arrêtés et amenés à Châlons comme francs-tireurs. Parmi eux se trouvait M. Jules-Martin Leroy (1), instituteur à Vendières (Aisne),

(1) Les autres étaient Jacques Nicolas, Auguste Théron, François-Marie Lecourtier.

qui n'avait jamais porté les armes. Ils furent condamnés à être fusillés.

A la veille de l'exécution, Mgr Meignan envoyait un mot à M. l'abbé Müller et le chargeait, en sa qualité d'aumônier de la prison, comptant sur sa grandeur d'âme, de préparer à la mort ces quatre malheureux. Mille supplications avaient été faites pour obtenir une grâce toujours refusée.

L'abbé Müller, se sentant impuissant à assister seul ces quatre condamnés à mort, va frapper au presbytère de Saint-Jean et s'adjoint, pour ce douloureux ministère, l'excellent abbé Leroux, de regrettée mémoire. Malgré leurs vives instances, ils ne purent pénétrer près de ces pauvres gens que vers six heures du matin. Quelle rude tâche pour nos deux prêtres au cœur bon et vibrant tout à la fois de patriotisme et d'esprit chrétien ! Ce ne furent d'abord de la part des prisonniers, à la triste nouvelle, que cris de douleur et de désespoir, imprécations et sanglots. Ils se jetaient dans les bras les uns des autres, ils suffoquaient. Pourtant les deux prêtres font taire les sentiments si légitimes de la terre pour montrer le ciel, le ciel où toute justice est rendue, où tout sacrifice est récompensé. Ces âmes étaient peu préparées à une rupture si violente de leur vie, et le souvenir de leurs femmes, de leurs enfants, les amarrait à la terre. Le digne instituteur, le premier, sut en martyr regarder la mort en face, et, chrétien autant que patriote, il tomba à genoux, purifia sa conscience et se releva prêt pour le ciel. Presque inconscients dans leur affolement, les autres imitèrent cet exemple. Puis chacun confia à nos deux prêtres, brisés par la douleur et l'émotion, ses secrets de famille, ses désirs, ses derniers adieux à la terre.

L'heure marquée avait sonné : l'officier prussien parut. On monta dans la voiture, et, durant le trajet, nos deux aumôniers confondaient avec les pauvres victimes leurs prières, leurs embrassements et leurs mutuels épouvantements. Enfin on arrive au lieu de l'exécution. L'instituteur garde une fière attitude ; ses compagnons tiennent à peine debout. Les prêtres les embrassent, leur présentent le crucifix qui doit recevoir leur dernier baiser, et tour à tour, chacun auprès de sa tombe béante, tombe sous le feu du peloton d'exécution.

Ce fut là une des rudes tâches du ministère, imposées à l'excellent et digne abbé Müller. « Nous étions, dit-il, le bon « abbé Leroux et moi, plus morts que vifs en rentrant chez « nous. » Et de fait, ce récit sur les lèvres de l'un ou de l'autre était passionnant et tirait les larmes des yeux.

Il faudrait, pour donner tout son relief à ce trait, unique dans une vie, pouvoir reproduire les lettres touchantes et pleines de patriotisme, adressées par nos deux excellents prêtres aux familles éplorées de ces quatre innocentes victimes.

Inutile de dire qu'à cette époque néfaste, l'abbé Müller ne manqua pas de se rendre à tout appel dans les ambulances et partout, comme vis-à-vis de tous, Français et Allemands, il fit preuve d'un bien grand cœur.

Enfin, cette vie si sacerdotalement employée reçut de Mgr Meignan, notre évêque, sa récompense justement méritée. M. l'abbé Müller fut nommé chanoine titulaire de la Cathédrale de Châlons, le 13 novembre 1873 (1).

Né avec le siècle, il était heureux à son âge de pouvoir encore, dans sa nouvelle dignité, rendre d'utiles services dans cette même cathédrale où il avait fait ses débuts. On le trouvera jusqu'au bout de sa carrière, chanoine très régulier, prêtre fort zélé, confesseur toujours recherché, apportant à tous ses moindres offices un soin scrupuleux et un dévouement sans bornes. *Age quod agis*, c'était sa devise.

Entre temps, M. l'abbé Müller fut nommé aumônier des sœurs de l'Adoration réparatrice. Sa piété, sa foi, son amour de Notre-Seigneur lui faisaient oublier toute fatigue pour entretenir au cœur de ces fidèles servantes du Dieu de l'Eucharistie la flamme du dévouement et l'amour de leur sainte vocation. A qui du reste M. Müller a-t-il refusé son concours ? Sa porte était

(1) L'abbé Müller avait été nommé chanoine honoraire le 29 juin 1830.

connue de tous ceux qui avaient besoin, à jour donné, d'un ser-
mon, d'une solennité musicale ou d'une récréation familière.
Ses tiroirs et ses meubles accusent encore le secret qu'il avait
d'être l'homme de tous : les sermons sont empilés et le jouet
qui fit tant rire a son petit coin. Heureuse nature, qui faisait
son bonheur d'être agréable à tous !

A toutes ses fonctions il joignait celle d'organiste, et quand
son frère, M. Louis, fut empêché par la maladie de faire parler
sous ses doigts habiles cet orgue, qui était presque le sien et
qu'il avait fait vibrer avec tant d'éclat aux grandes solennités
de l'Eglise, ce fut M. Müller qui le remplaça. Il travaillait
nuit et jour à des offertoires, voulant donner à chacun le
sens de l'office célébré au chœur. C'était bien le prêtre et le
musicien quelque peu fier de son petit talent de famille :
car les Müller, de père en fils, étaient organistes.

Le soir de cette belle vie était arrivé : plus d'un accident de
santé avait déjà menacé les jours de notre vénérable octogé-
naire; lui seul ne s'en apercevait pas. Il avait bravé tant d'hi-
vers, résisté à tant de coups, pourquoi s'arrêterait-il en si bon
chemin ? il était taillé, pensait-il, et on l'en avait convaincu,
pour vivre cent ans. Tel était le dernier petit compliment que
lui adressait, à sa table, Mgr Sourrieu, toujours si affable à
l'endroit de ce vénéré chanoine. Il fut encore à l'office du soir
au troisième dimanche après Pâques. C'était la dernière fois.

Dix semaines d'un mal cruel en ses accès, meurtrier dans sa
marche couchèrent notre digne et vénéré chanoine dans la
tombe. Il fut pendant ce temps ce qu'il avait été toujours,
pieux, affable, résigné à mourir, mais ne perdant pas l'espé-
rance de vivre. Il communia plusieurs fois durant sa maladie,
et reçut avec piété les derniers sacrements. Monseigneur
daigna venir de temps en temps bénir ce vaillant ouvrier de
l'Eglise.

Sa mort fut vivement déplorée par tous ceux qui avaient ap-
proché cet estimable prêtre et qui avaient communiqué avec lui
de cœur à cœur. Mille témoignages de cette haute estime

étaient venus le consoler et l'encourager durant sa maladie ; son deuil fit sensation dans Châlons, sa ville d'adoption.

M. le chanoine Müller, décédé le 21 juillet, fut conduit à sa dernière demeure le 24 juillet après de simples et touchantes obsèques célébrées à la cathédrale. La fabrique prit sur elle, après avis de Monseigneur, une grande partie des frais des funérailles. On se plaisait ainsi à reconnaître et les longs services rendus dans cette église par le vénéré défunt, et cet oubli de lui-même qui ne lui avait pas permis, après soixante-trois ans de sacerdoce, de laisser un sou vaillant.

Les Alsaciens-Lorrains et les Luxembourgeois de la ville tinrent à honneur de porter sur leurs épaules le corps de celui qui, pendant sa vie, avait été la providence de beaucoup d'entre eux, et la voix la plus autorisée à leur rappeler la foi de leurs ancêtres.

Une belle couronne portée par eux à la suite du cercueil et déposée sur la tombe témoignera longtemps des regrets de ces fils de l'Alsace pour un de leurs bons et généreux compatriotes.

Les cordons du poële étaient tenus par M. le chanoine Pannet et M. le chanoine Lucot, puis par M. Huot de Saint-Albin, curé de Notre-Dame, et par M. Mathieu, aumônier et curé de l'hôpital, chanoines honoraires de la cathédrale.

Le deuil était conduit par M. le chanoine Nolin, successeur de M. Müller dans la cure de Pierry. Le chanoine, revêtu de tous ses insignes, avait à ses côtés M. l'abbé Appert, curé de Saint-Alpin, M. l'abbé Coquot, curé de Monthelon, tous deux de Pierry, et M. l'abbé Roger, curé actuel de Pierry.

La famille était représentée par M. Müller, chef de la musique municipale de Châlons, par son frère, lieutenant au 93e de ligne, par M. Müller d'Epernay ses petits-neveux, et par un arrière-neveu.

Tous les ecclésiastiques de Châlons et bon nombre de curés du diocèse, ceux de la banlieue et M. le curé de Somme-Py, ayant à leur tête le chapitre de la cathédrale, ouvraient la marche, précédés par la maîtrise de la cathédrale, redevable de son existence à Mgr de Prilly et à M. l'abbé Müller.

Le cortège qui suivait la dépouille mortelle de M. Müller se composait de toute l'élite de la ville et de plusieurs notables d'Epernay et de Pierry, amis restés fidèles jusqu'à la tombe à leur ancien pasteur. M. le maire de la ville et un de ses adjoints avaient tenu à honneur de témoigner, par leur présence, du respect dû à une si belle mémoire.

La cérémonie des obsèques et l'office étaient présidés par M. Defrance, doyen du Chapitre. Une surprise était réservée pendant l'office. A l'offertoire, une section de la musique municipale exécuta une cantate funèbre. Ce petit honneur rendu au prêtre musicien, et nous en fûmes heureux, allait aussi à l'adresse de celui qui, comme neveu, conduisait le deuil de famille.

Notons aussi l'émotion partagée par tous à l'audition des paroles liturgiques chantées avec âme et talent par M. Toupry, organiste de Saint-Alpin. On ne dit pas mieux une prière.

Monseigneur l'Evêque était au trône pendant tout l'office et prononça les dernières prières de l'absoute.

Sur cette tombe qui gardera jusqu'à la résurection la dépouille de ce fier patriote, de ce prêtre zélé, de ce chanoine édifiant et regretté nous graverons ces paroles de nos saints Livres : *Qui bonus est, hauriet gratiam a Domino.* (Prov. XII, 2), et deux mains se joindront à l'ombre de la croix : L'Alsace et la Champagne s'unissant pour bénir une mémoire qui leur restera à toutes deux également chère.

Châlons. Imp. Martin frères.